BEI GRIN MACHT SICH IHR WISSEN BEZAHLT

AF151498

- Wir veröffentlichen Ihre Hausarbeit,
  Bachelor- und Masterarbeit

- Ihr eigenes eBook und Buch -
  weltweit in allen wichtigen Shops

- Verdienen Sie an jedem Verkauf

Jetzt bei www.GRIN.com hochladen und kostenlos publizieren

Bibliografische Information der Deutschen Nationalbibliothek:

Die Deutsche Bibliothek verzeichnet diese Publikation in der Deutschen National-
bibliografie; detaillierte bibliografische Daten sind im Internet über http://dnb.d-
nb.de/ abrufbar.

Impressum:

Copyright © 2015 GRIN Verlag, Open Publishing GmbH
Druck und Bindung: Books on Demand GmbH, Norderstedt Germany
ISBN: 9783668113459

Dieses Buch bei GRIN:

http://www.grin.com/de/e-book/312148/fertigen-von-aussenradien-unterweisung-
werkzeugmechaniker-in

Manfred Baak

Fertigen von Außenradien (Unterweisung Werkzeugmechaniker/in)

GRIN Verlag

GRIN - Your knowledge has value

Der GRIN Verlag publiziert seit 1998 wissenschaftliche Arbeiten von Studenten, Hochschullehrern und anderen Akademikern als eBook und gedrucktes Buch. Die Verlagswebsite www.grin.com ist die ideale Plattform zur Veröffentlichung von Hausarbeiten, Abschlussarbeiten, wissenschaftlichen Aufsätzen, Dissertationen und Fachbüchern.

Besuchen Sie uns im Internet:

http://www.grin.com/

http://www.facebook.com/grincom

http://www.twitter.com/grin_com

Inhaltsverzeichnis

Schriftliche Ausarbeitung der praktischen Unterweisung

Prüfungsnummer:

Name:

Prüfungstag:

Prüfungsort:

Ausbildungsberuf:	Werkzeugmechaniker für Spritzgusstechnik
Thema der Unterweisung:	Fertigen von Außenradien
Feinlernziel:	Der Azubi ist am Ende dieser Unterweisung dazu in der Lage die Kanten eines beliebigen Werkstücks selbstständig, fachgerecht und nach DIN 250 zu einem Außenradius zu feilen.
Ort an der die Unterweisung stattfindet:	Lehrwerkstatt

Bezug zur Ausbildungsordnung:

Teil des Ausbildungsberufsbildes:	Herstellen von Bauteilen und Baugruppen (§19 Abs. 1 Nr. 8)
Zum Unterweisungsthema gehörende Fertigkeiten und Kenntnisse laut Ausbildungsrahmenplan:	c) Werkstücke durch manuelle und maschinelle Fertigungsverfahren herstellen

Ausbildungsjahr:	1. Ausbildungsjahr
Anzahl der Auszubildenden:	Ein Auszubildender
Vorkenntnisse:	Der Azubi hat das Feilen ebener und winkliger Flächen, sowie das Anreißen mit Höhenreißer, der Reißnadel und dem Spitzzirkel bereits erlernt.
Zeitdauer der Unterweisung:	15 min.
Gewählte Unterweisungsmethode:	4-Stufen-Methode
Ausbildungsmittel:	Werkstück, Werkbank mit Schraubstock, Feilen (Schrupp- + Schlichtfeile), Pinsel, Unterlage für Werkzeug, Zeichnung, Bilder zu den UVV
Ausgangssituation:	Azubi ist im 3. Ausbildungsmonat, hat die Berufsschule bereits besucht und soll nun bei seinem Übungsstück einen Außenradius feilen.

Unterweisungsablauf

1. Stufe: Vorbereiten

- Der Arbeitsplatz ist vorbereitet
- Begrüßung + Smalltalk
- Der Azubi hat das Feilen ebener und winkliger Flächen, sowie das Anreißen mit dem Höhenreißer, der Reißnadel und dem Spitzzirkel bereits erlernt
- Thema und Ziel nennen
- Motivation (Dem Meister ist bekannt, dass der Azubi in seiner Freizeit als Hobby Modellbau mit Metall betreibt und macht ihm klar, dass die hier erworbenen Kenntnisse ihm bei seinem Hobby auch nützlich sein könnten und er die Kenntnisse auch später braucht, um selbstständig an einem Projekt arbeiten zu können)
- Dem Azubi wird gesagt, wo das Radiusfeilen benötigt wird
(z. B. wenn Radien an die Kavität eingepasst werden müssen oder wo ein Radius als Schutz vor Verletzungen in Frage kommt, z. B. an scharfkantigen Werkstücken)

2. Stufe: Vormachen und erklären

- Es ist darauf zu achten das der Azubi dazu aufgefordert wird bei Unklarheiten und fehlendem Verständnis Fragen zu stellen
- Auf gute Sicht des Azubi ist zu achten

U V V		
	-Beim Reinigen der Werkstückoberfläche mit dem Pinsel darauf achten das Stahlspäne nicht durch die Luft fliegen	*-Ansonsten besteht die Gefahr das Stahlspäne ins Auge geraten*
	-Beim Reinigen mit Druckluft ist eine Schutzbrille zu tragen	*-Ansonsten können umherfliegende Stahlpartikel das Auge schwer verletzen*
	-Feilen nicht in die Tasche stecken	*-Sehr große Verletzungsgefahr bei einem Sturz*
	-Schraubstock und Werkstück müssen festen Sitz haben bzw. fest gespannt sein	*-Durch lockeren Sitz des Schraubstocks und des Werkstücks kann man abrutschen und sich verletzen*
	-Boden muss frei von Schmiermittel sein	*-Ausrutschgefahr!*

Was wird gemacht? (Lernschritte)	Wie wird es gemacht? (Kernpunkte)	Warum wird es so gemacht? (Begründung)
1. Werkstück in den Schraubstock einspannen	Die zu bearbeitende Ecke des Werkstücks soll nach oben zeigen (ca. 45°)	So kommt man am besten an die zu bearbeitende Ecke und hat am meisten Bewegungsfreiheit
2. Richtiger Stand zum Werkstück	Der nicht dominante Fuß zeigt zum Werkstück, der andere ist nach hinten versetzt und ca. 90 Grad gedreht. Der Oberkörper nimmt automatisch die richtige Position ein und muss nur noch aufrecht gehalten werden	-Um einen festen Stand zu gewährleisten -Um das Werkstück sicher bearbeiten zu können
3. Feile richtig halten	Mit einer Hand die Feile am Griff festhalten, die andere Hand übt den Druck mit dem Handballen oder den Fingern auf dem Ende des Feilenblatts aus.	Die Hand am Griff übt die hin und her Bewegung aus, die andere übt die Druck aus
3. Vorschruppen des Radius	Die Ecke des Werkstücks mit der Flachfeile bis kurz vor den Anriss (ca.1mm) des Radius durch feilen von schrägen vorschruppen	-um möglichst viel Material wegzunehmen -um Zeit zu sparen -zur groben Formgebung
4. Radius Schruppen	Mit der Flachfeile schwingende Bewegung ausführen bis kurz vor den Anriss (ca. 0,5mm) schruppen	-Um die Kanten vom Vorschruppen eben zu einer Fläche zu feilen -Um Kontur des Radius zu erhalten
5. Radius schlichten	Radius mit schwingender Bewegung bearbeiten, Endkontur geben	Durch schwingende Bewegung erhält man die Endkontur des Radius
6. Entgraten der Kanten des Radius	Die Kanten des Radius mit Schlichtfeile brechen	Um Schnittverletzungen an den scharfen Kanten vorzubeugen

3. Stufe: Nachmachen und erklären lassen

Der Azubi macht das Vorgemachte nach und erklärt die einzelnen Lernschritte mit seinen eigenen Worten.

Bei Fehlern immer eingreifen und Hilfestellung geben.

Durch das Nachmachen lassen erkennt der Meister, ob der Azubi alles verstanden hat und stellt ihm, wenn nötig Fragen zu den einzelnen Lernschritten.

Am Ende folgt ein Lob für seine Umsetzung.

4. Stufe: Üben lassen

Feilen (Radius feilen) ist eine immer wiederkehrende Fertigkeit, die jeder Werkzeugmechaniker/-in beherrschen sollte.

Der Azubi hat ein Übungsstück zu fertigen, an dem er selbstständig und fachgerecht einen Außenradius feilen soll.

Der Meister greift nur noch bei Gefahr ein.

Nach der Übung wird der Azubi dazu aufgefordert, sich selbst zu bewerten.

Der Meister gibt dem Azubi eine Rückmeldung und weist zugleich auf die nächste Unterweisung hin, die nach der jetzigen stattfinden wird. In dieser wird er lernen, wie der gefeilte Radius mit Hilfe einer Radiusschablone und eines Haarwinkels zu prüfen ist.

Dem Azubi wird die Anweisung gegeben, dass bis zum Ende des Arbeitstages ein Eintrag zu der durchgeführten Unterweisung ins Berichtsheft erfolgen muss.

Es wird dem Azubi ein Handout übergeben, welches er seinem Eintrag beilegen soll und so die Möglichkeit hat, zu einem späteren Zeitpunkt darauf zurückzugreifen, wenn er sich an einzelne Lernschritte nicht mehr erinnern kann.

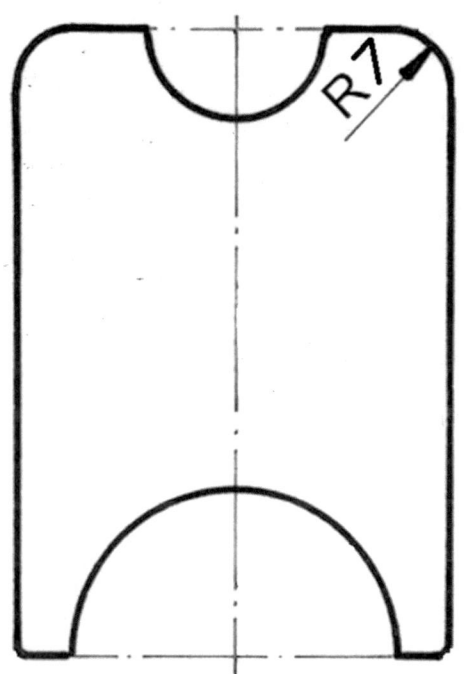

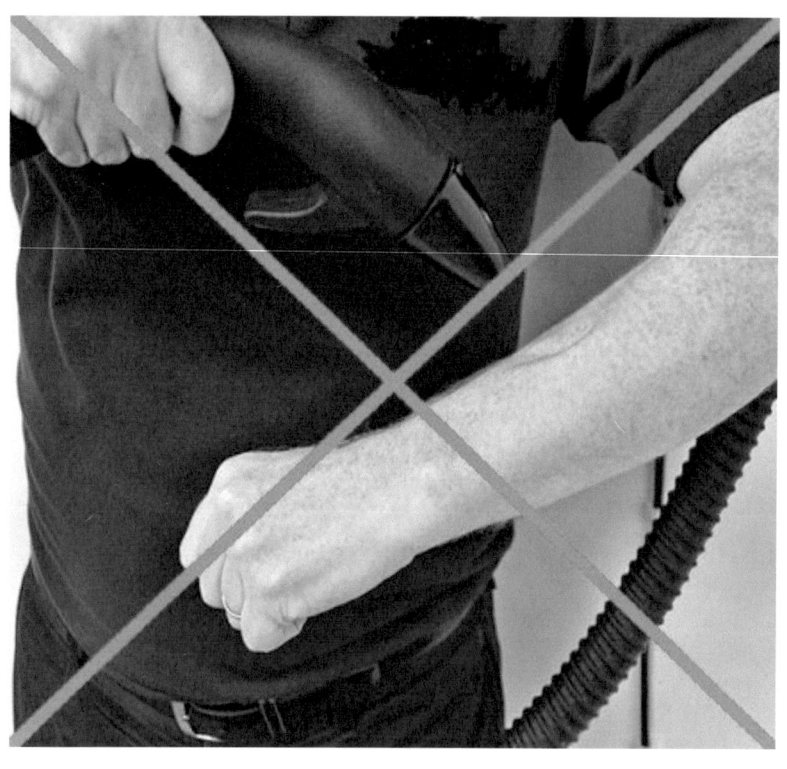

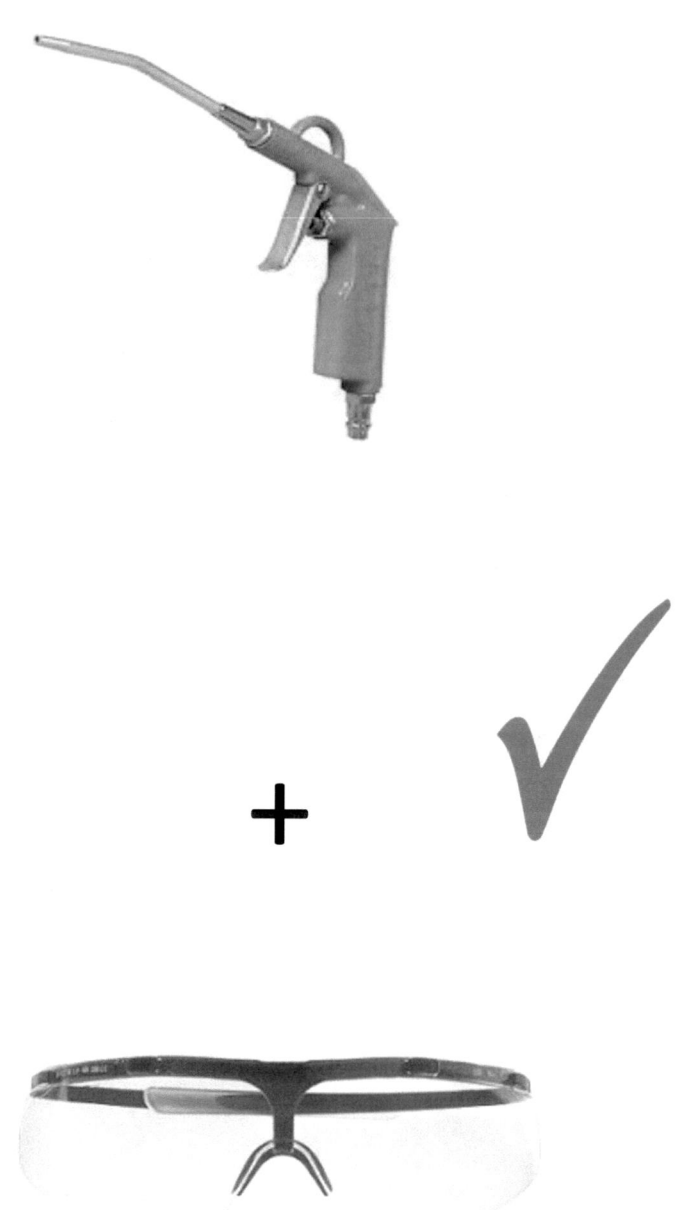

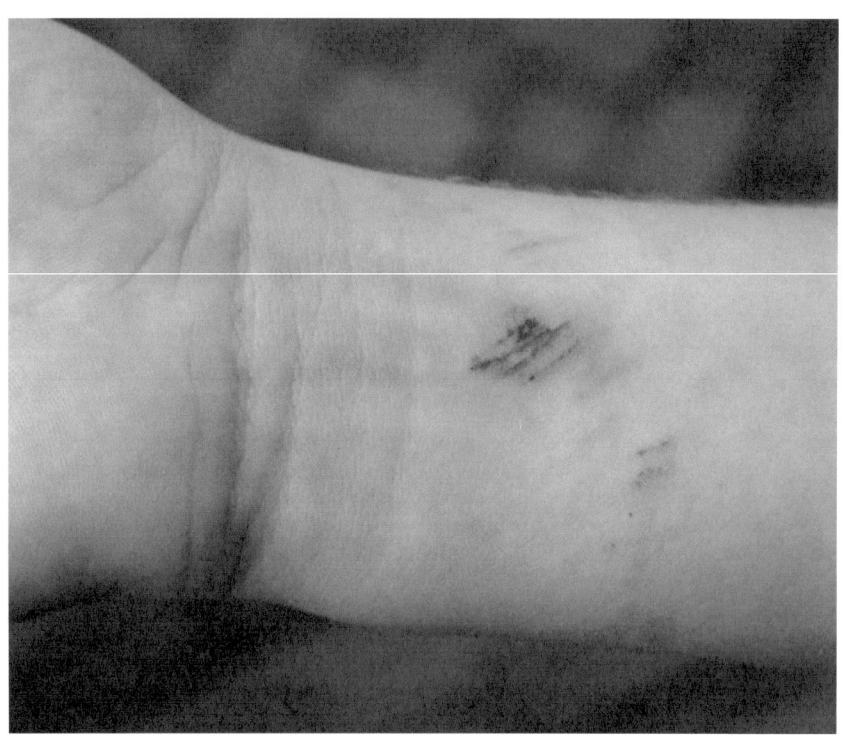

Handout zum Lernziel Außenradius feilen

	Was wird gemacht? (Lernschritte)	Wie wird es gemacht? (Kernpunkte)	Warum wird es so gemacht? (Begründung)
1.	Werkstück in den Schraubstock einspannen	Die zu bearbeitende Ecke des Werkstücks soll nach oben zeigen (ca. 45°)	So kommt man am besten an die zu bearbeitende Ecke und hat am meisten Bewegungsfreiheit
2.	Richtiger Stand zum Werkstück	Der nicht dominante Fuß zeigt zum Werkstück, der andere ist nach hinten versetzt und ca. 90 Grad gedreht. Der Oberkörper nimmt automatisch die richtige Position ein und muss nur noch aufrecht gehalten werden	-Um einen festen Stand zu gewährleisten -Um das Werkstück sicher bearbeiten zu können
3.	Feile richtig halten	Mit einer Hand die Feile am Griff festhalten, die andere Hand übt den Druck mit dem Handballen oder den Fingern auf dem Ende des Feilenblatts aus.	Die Hand am Griff übt die hin und her Bewegung aus, die andere übt die Druck aus
3.	Vorschruppen des Radius	Die Ecke des Werkstücks mit der Flachfeile bis kurz vor den Anriss (ca.1mm) des Radius durch feilen von schrägen vorschruppen	-um möglichst viel Material wegzunehmen -um Zeit zu sparen -zur groben Formgebung
4.	Radius Schruppen	Mit der Flachfeile schwingende Bewegung ausführen bis kurz vor den Anriss (ca. 0,5mm) schruppen	-Um die Kanten vom Vorschruppen eben zu einer Fläche zu feilen -Um Kontur des Radius zu erhalten
5.	Radius schlichten	Radius mit schwingender Bewegung bearbeiten, Endkontur geben	Durch schwingende Bewegung erhält man die Endkontur des Radius
6.	Entgraten der Kanten des Radius	Die Kanten des Radius mit Schlichtfeile brechen	Um Schnittverletzungen an den scharfen Kanten vorzubeugen

U **V** **V**	-Beim Reinigen der Werkstückoberfläche mit dem Pinsel darauf achten das Stahlspäne nicht durch die Luft fliegen	*-Ansonsten besteht die Gefahr das Stahlspäne ins Auge geraten*
	-Beim Reinigen mit Druckluft ist eine Schutzbrille zu tragen	*-Ansonsten können umherfliegende Stahlpartikel das Auge schwer verletzen*
	-Feilen nicht in die Tasche stecken	*-Sehr große Verletzungsgefahr bei einem Sturz*
	-Schraubstock und Werkstück müssen festen Sitz haben bzw. fest gespannt sein	*-Durch lockeren Sitz des Schraubstocks und des Werkstücks kann man abrutschen und sich verletzen*
	-Boden muss frei von Schmiermittel sein	*-Ausrutschgefahr!*